Hermann Goltz

Bericht über die General-Synode an die evangelischen Gemeinden

Hermann Goltz

Bericht über die General-Synode an die evangelischen Gemeinden

ISBN/EAN: 9783743663213

Hergestellt in Europa, USA, Kanada, Australien, Japan

Cover: Foto ©ninafisch / pixelio.de

Weitere Bücher finden Sie auf **www.hansebooks.com**

Bericht

über

die General-Synode

an die

evangelischen Gemeinden.

Von

H. von der Goltz.

Bielefeld und Leipzig.
Verlag von Velhagen & Klasing.
1876.

Vorwort.

Der hiermit der Oeffentlichkeit übergebene Bericht über die Generalsynode ist in seinem Kern ein auf Wunsch in Barmen, Bonn und Köln gehaltener Vortrag. Das Verlangen der Zuhörer hat seine weitere Verbreitung veranlaßt. Ursprünglich war meine Absicht, die von Professor Wach und mir zur Orientirung über die außerordentliche Generalsynode in Form zwangloser Hefte herausgegebenen „Synodalfragen" mit einer etwas ausführlicheren Abhandlung über die Ergebnisse derselben abzuschließen. Statt dieses Schlußheftes mögen die Freunde der „Synodalfragen" folgende Blätter freundlich aufnehmen.

Gegenüber der mißvergnügten Haltung, welche z. B. auch die Neue Evangelische Kirchenzeitung zu dem Gang unsres Verfassungswerkes einnimmt, scheint es mir dringendes Bedürfniß, Unbefangene über den wirklichen Stand der Sache zu orientiren. Nach den auf meine Person gerichteten Angriffen hätte es mir nahe gelegen, Persönliches einzumischen, zumal da meine Worte entstellt wiedergegeben sind, und einer das Mißverständniß aufklärenden Entgegnung bisher die Aufnahme verweigert worden ist. Ich be=

schränke mich aber lieber auf einen objektiven Bericht statt persönliche Abwehr zu üben, und verweise auf die im Verlag von Ludwig Rauh in Berlin erschienenen amtlichen Protokolle über die Verhandlungen, denen ich weiteste Verbreitung wünsche. Nur das Bedauern kann ich nicht unterdrücken, daß die einzige für einen weiteren Leserkreis bestimmte Kirchenzeitung in Preußen, welche bisher für ein Organ der Freunde der positiven Union galt, sich in der heutigen Lage nur für düstere, parteiisch gefärbte Berichterstattung offen hält. Welche verkehrten Vorstellungen gewinnen die evangelischen Freunde in Holland und der Schweiz, in Rußland und Frankreich, in England und Amerika von der so wichtigen und folgenreichen Entwickelung in unserer vaterländischen Kirche! Es scheint mir Zeit, daß für die Vertretung der Grundlage und Ziele unserer evangelischen Landeskirche ein neues Organ in das Leben gerufen werde unter charaktervoller und einsichtiger Leitung. Dieser Wunsch sei den Freunden der evangelischen Kirche dringend an das Herz gelegt!

Bonn, den 29. Januar 1876.

H. v. d. Goltz.

Die längst ersehnte, zuletzt mit einiger Ungeduld erwartete außerordentliche Generalsynode für die evangelische Landeskirche der 8 älteren Provinzen hat vom 24. November bis zum 18. Dezember v. J. zu Berlin in den Räumen des Herrenhauses getagt. Unsere evangelischen Gemeinden haben ein Recht, die von der Arbeit Zurückgekehrten zu fragen: **Bringt Ihr uns etwas mit? Und ist, was Ihr bringt, etwas Gutes?** Ehe ich diese Fragen beantworte, sei mir ein Rückblick gestattet auf den ersten im Jahre 1846 gemachten Versuch, die evangelische Landeskirche durch eine Generalsynode zu größerer Selbständigkeit und festerer Ordnung zu führen. Die Aelteren unter uns erinnern sich, mit welcher Freude damals die Landessynode begrüßt wurde, und welche großen Erwartungen sich an dieselbe knüpften. Und doch hatten ihre Berathungen kein praktisches Resultat. Da liegt wohl die bange Frage nahe: Wird es diesmal anders und besser gehen? Auch drängt sich der Gedanke auf: Hätte nicht damals etwas Heilsameres und Befriedigenderes zuwege gebracht werden können, als gegenwärtig unter der völlig veränderten politischen Lage und nach so vielen Enttäuschungen und Verstimmungen erreichbar ist? In der That erscheinen die Umstände, unter welchen heute der Versuch gemacht wird, unserer evangelischen Kirche ein erkennbares und redendes Antlitz zu geben, für den ersten Eindruck weit ungünstiger als vor 30 Jahren.

Wie viel liegt schon in der einen Thatsache, daß jene erste Generalsynode vor dem Jahre 1848 tagte! Der König, von Alters her bei uns der höchste Träger des Kirchenregiments, war in seinen Entschließungen noch ungehemmt durch Verfassung und Landtag, er war erfüllt von dem lebhaftesten persönlichen Interesse für die Freiheit und innerliche Gliederung der Kirche nach ihren eigenthümlichen Bedürfnissen und Kräften, er verlangte darnach, die ererbte Kirchengewalt in die „rechten Hände" zu legen. Der Konflikt des preußischen Staates mit der römischen Kirche war scheinbar beschwichtigt; die evangelische Kirche hatte in ihrem gottesdienstlichen Leben, in ihrer wissenschaftlichen Arbeit, in freien Werken der Liebe einen erfreulichen und wachsenden Aufschwung genommen, welcher ihr Selbstbewußtsein mächtig hob und den Muth erweckte, an die kirchliche Reform Hand anzulegen. Die Gegensätze, die religiösen wie die sozialen und politischen, waren zwar vorhanden, aber lange nicht so tief und trennend, als heute. Es waren nur etwas über 70 hervorragende Männer, meist in höheren Aemtern der Kirche, der Wissenschaft und des Staates stehend, welche königliches Vertrauen einberufen hatte, und welche unter Leitung des Kultusministers drei volle Monate in der Stille über die dringendsten kirchlichen Reformen beriethen. —

Die gegenwärtige Generalsynode wurde nach dem Jahre 1871 in bestimmte Aussicht genommen, mitten unter der nationalen Bewegung und den kirchenpolitischen Kämpfen, welche sich an den französischen Krieg und an die Erhebung unseres Königs zum deutschen Kaiser anschlossen. Unterdessen ist der Träger des Kirchenregiments als Staatsoberhaupt in allen seinen offiziellen Entschließungen und Handlungen gebunden worden an die Staatsverfassung, gebunden an die Rücksicht auf parlamentarische Körperschaften, ohne deren Zustimmung er weder die bestehenden Gesetze ändern noch Geld aus Staatsmitteln bewilligen kann. Unterdessen sind mit Preußen die neuen Provinzen vereinigt worden, in deren größerem Theil die konfessionelle Union der evangelischen Kirchen nicht besteht. Der Staat ist in Folge des vatikanischen Konzils verflochten in einen heftigen Kampf mit der römischen Hierarchie, dessen Ausgang bis jetzt niemand übersehen kann, der ihn veranlaßt hat, Schule und Familie von priesterlichem Einfluß freier zu stellen und die Aufsichtsrechte des Staats über die kirchlichen Korporationen bestimmter zu begrenzen und zu verschärfen. Im innern Leben der Kirche haben sich die religiösen Gegensätze nach rechts und links zu einer tiefen Kluft ausgebildet; zwischen den getrennten Lagern ist kaum noch der Wille, keinesfalls die Fähigkeit zu einer friedlichen Verständigung vorhanden. Dazu kommt, daß zwischen der obersten kirchlichen Behörde und weiten kirchlichen Kreisen das Vertrauen erschüttert wurde, daß viele die Hauptursache der drückendsten kirchlichen Uebelstände in den Maßregeln und der Zusammensetzung des Ev. Oberkirchenrathes sehen.

Wenn die außerordentliche Generalsynode unter so schwierigen Verhältnissen zusammengetreten ist, so erscheint der Gedanke wohl gerechtfertigt, es wäre heute vieles leichter zu tragen, zu überwinden und auszugleichen, und vieles heilsamer und einfacher durchzuführen, wenn wir früher zu einer Regelung der evangelischen Kirchenverfassung gelangt wären. Nur sollte bei solchen Klagen über versäumte Gelegenheiten nie vergessen bleiben, daß gerade die, welche sich heute am meisten beschweren, früher am meisten dazu beigetragen haben, die Einführung synodaler Institutionen zu verhindern.

Dennoch wage ich die Ueberzeugung auszusprechen, daß heute die Aussichten auf eine bleibende Frucht der Generalsynode weit größer sind. Denn was bei dem ersten Versuch den Erfolg verhinderte, waren keineswegs allein die Stürme des Revolutionsjahres, sondern entscheidend waren drei andere Ursachen: 1) Der Mangel einer klaren, rechtlichen Auseinandersetzung zwischen dem, was in den bisherigen kirchlichen Behörden staatlicher Natur ist und dem Staat vorbehalten bleiben muß, und zwischen dem, was zum inneren Regiment der Kirche, ihrem religiösen Zweck entsprechend, gehört. Eben dieser Mangel hat den §. 15 der preußischen Verfassungsurkunde von 1850, welcher auch der evangelischen Kirche die selbständige Verwaltung ihrer Angelegenheiten verhieß, nicht zur Ausführung kommen lassen. In seiner Aufhebung ist zwar eine Verheißung zurückgenommen, aber auch nur ein Buchstabe begraben worden. 2) Der Mangel einer Organisation der untern Stufen der kirchlichen Gemeinschaft, welche es ermöglicht hätte, aus den verfaßten Gemeinden, Kreissynoden und Provinzialsynoden eine Landessynode hervorgehen zu lassen. Es fehlte den 1846 vom Könige einberufenen Vertrauensmännern das **kirchliche Mandat**, und sie unternahmen das Dach der Kirche herzustellen, bevor das Gebäude errichtet war. Wir am Rhein, die wir seit 40 Jahren den Segen einer Kirchenordnung genießen, machen uns kaum eine deutliche Vorstellung davon, wie sehr in den östlichen Provinzen bisher das kirchliche Gemeindeleben unentwickelt geblieben ist. 3) Der idealistische Zug, welcher mit dem geistreichen Könige die damalige Zeit überhaupt charakterisirt. Dieser **Idealismus** führte die Synode dazu, viel zu viel auf Einmal zu unternehmen und die nächsten Fragen nicht praktisch anzufassen; er verleitete die Regierung, in einer falschen Rücksicht auf die Freiheit der Kirche oder auch der eigenen Entschließungen, die Synode völlig ohne Vorlagen an ihre Arbeit gehen zu lassen. Ueberhaupt war es kaum denkbar, daß die Kirche in der Ausgestaltung korporativer Lebensformen zu praktischen Erfolgen kommen würde, bevor das öffentliche Leben im allgemeinen in diese Bahn geleitet war. Kurz nach allen Richtungen war damals das Verfassungswerk nicht hinreichend vorbereitet, und das ist jetzt ungleich besser. Der Staat, seit einem Menschenalter in parlamentarische Institutionen eingelebt, hat wenigstens in den wesentlichsten Beziehungen seine Aufsichtsrechte über religiöse Korporationen gesetzlich geregelt und diejenigen Befugnisse, welche Kirchendiener im Namen des Staates ausübten, entweder denselben abgenommen, oder doch den staatlichen Charakter derselben sicher gestellt. Man mag im

Interesse der evangelischen Kirche bedauern, daß bei der Ausführung dieser Maßregeln im einzelnen dem an sich richtigen Grundsatz der Parität eine ungerechtfertigte Anwendung gegeben worden ist. Allein über solchen Sorgen und Beschwerden wird verkannt, daß die neuere kirchenpolitische Gesetzgebung die unentbehrliche Voraussetzung war, um unserer Kirche die innere Selbständigkeit zu verleihen. Ferner ist gegenwärtig die Kirche zuerst in den Gemeinden, dann in den Kreissynoden und Provinzialsynoden organisirt worden. Erst nachdem die ersten ordentlichen Provinzialsynoden in den östlichen Provinzen getagt hatten, wurde die außerordentliche Generalsynode einberufen und ging aus der organisirten Landeskirche hervor. Weiter hat das Kirchenregiment diesmal durch den sorgfältig und mit Sachkenntniß ausgearbeiteten Entwurf einer Generalsynodalordnung der Synode vorgearbeitet, so daß die Berathungen der Synode sich an eine werthvolle Grundlage anschließen und nach wenigen Wochen abschließen konnten. Endlich macht es die heutige Lage in dem Staat wie in der Kirche zu einer bringenden Nothwendigkeit, die evangelische Kirche zur selbständigen Verwaltung ihrer inneren Angelegenheiten zu führen, und solche tief greifende Umgestaltungen des öffentlichen Lebens pflegen ja, nachdem sie schon längere Zeit als Ideal die Gemüther erfüllt haben, erst aus der Noth und unter Schmerzen geboren zu werden. Das auf diesem Wege sauer Erworbene erweist sich denn doch nachher bestandhaltiger und brauchbarer, als das nach idealerem Maße in theoretischer Arbeit Erzeugte. Der preußische Staat bedarf mehr als je einer kräftigen und innerlich freien evangelischen Kirche in seinem Kampf gegen Rom und seinen Anhang, und die Staatsregierung kann und will ferner die Verantwortlichkeit für die Ausgleichung der inneren religiösen Gegensätze im Protestantismus nicht länger tragen. In noch höherem Grade kann aber die Kirche nach der neuen kirchenpolitischen Gesetzgebung und vollends nach der Aufhebung des Artikel 15 der Verfassungs= urkunde nicht länger ohne einen legitimirten Mund, der in ihrem Namen zu reden hat, existiren.

Vergegenwärtigen wir uns alle diese Umstände, so ist es nicht blos ein Sichschicken in die arge Zeit, wenn wir in dem Zustandekommen der evangelischen Kirchenverfassung zu so später Stunde eine Fügung der Weisheit göttlicher Weltregierung erblicken. Unter Schmerzen, Sorgen und Arbeiten war die Frucht gereift zum Pflücken. Aber es ist auch die allerhöchste Zeit. Ein weiteres Verschieben oder gar ein Mißlingen des unternommenen Versuchs würde die von so starken Gegensätzen erregte Landeskirche mit Auflö= sung bedrohen, und solche Auflösung für das religiöse Leben unsres Volkes unsägliche Gefahren nach sich ziehen. Ich will dies Bild nicht ausführen. Ich gebe nur dem Dank gegen Gott Ausdruck, daß es unserem greisen Könige, dem Gott so vieles gelingen ließ, noch vergönnt war, dies Werk des Friedens in seine feste Hand zu nehmen und bis hierhin durchzuführen. In dem Kranze, welchen die dank= bare Nachwelt um sein ehrwürdiges Haupt flechten wird, wird dieser edle Stein nicht am wenigsten strahlen.

Nach diesen Vorbemerkungen gehe ich zur Sache selbst über und berichte zunächst über die unmittelbaren Vor=

bereitungen zur Generalsynode. Es war der Königliche Erlaß vom 10. September 1873, welcher nach so manchen halben oder in das Stocken gerathenen Anläufen die 6 östlichen Provinzen mit einer als definitive kirchliche Ordnung verkündigten Kirchengemeinde- und Synodalordnung beschenkte und die Einberufung einer außerordentlichen Generalsynode für die Landeskirche der acht älteren Provinzen anordnete. Diese Generalsynode sollte zusammengesetzt sein aus 150 von den Provinzialsynoden gewählten Abgeordneten, die nach Verhältniß der evangelischen Bevölkerung und der befestigten kirchlichen Organisation auf die 8 Provinzen vertheilt waren und mindestens in einem Drittel aus Geistlichen, mindestens in einem Drittel aus Laien bestehen sollten, aus den 11 Generalsuperintendenten, aus 12 Delegirten der theologischen und juristischen Fakultäten und endlich aus 30 vom Könige zu berufenden Mitgliedern, zusammen 203. Die Kosten für dieselbe waren aus Staatsmitteln zur Verfügung gestellt.

Mit ungetheilter Freude hätte man nunmehr der Generalsynode entgegen sehen können, wenn nicht das Zusammentreffen mehrerer die Vorbereitung begleitender Verhältnisse düstere Wolken um das ersehnte Ziel gelagert hätte. Hierhin ist schon das fühlbare Eingreifen der gegen Rom gerichteten kirchenpolitischen Gesetzgebung auch in die evangelische Kirche zu rechnen, sonderlich in ihr traditionelles Verhältniß zur Schule, in die Vorbildung ihrer Geistlichen und in ihre Vollmacht, mittelst der Trauung der Ehe den Charakter der Legitimität zu geben. Auch wenn man die staatliche Nothwendigkeit und Zweckmäßigkeit dieser Neuerungen bejat, in der Kirche schufen oder offenbarten sie vorerst mancherlei äußere und innere Uebelstände, und diese Uebelstände erweckten besonders in den östlichen Provinzen zunehmende Klagen, sie erschütterten das bisher tief gewurzelte Vertrauen auf eine wohlwollende, schützende und pflegende Haltung der Staatsregierung zu der evangelischen Kirche, ohne daß die bedeutende Aufbesserung der Pfarrbesoldungen diese Eindrücke völlig verwischte. Dazu kam eine wachsende Verstimmung gegen den Evangelischen Oberkirchenrath, in Folge sowohl der Nichtbestätigung des von dem Brandenburgischen Konsistorium gegen den Prediger Sydow gefällten Urtheils auf Amtsentsetzung, als auch der provisorischen Verordnung über das Trauformular und die Trauung Geschiedener bei Einführung des neuen Personenstandgesetzes. Diese von der obersten Kirchenbehörde einseitig, ohne synodale Mitwirkung getroffenen Maßregeln hinterließen in vielen den Eindruck, als fehle es derselben an der charaktervollen Widerstandskraft gegen die Staatsbehörden und gegen die öffentliche Meinung, als gebe sie das Glaubensbekenntniß der Kirche und die Ordnung christlicher Sitte zu lax den auflösenden Bestrebungen preis. Schon auf die ersten ordentlichen Provinzialsynoden wirkten die hierdurch entstandenen Verstimmungen lähmend und erstreckten sich keineswegs blos auf die Kreise der sogenannten Konfessionellen. Alle diese Erschwerungen einer friedlichen und fruchtbaren Berathung der Generalsynode wurden aber zurückgestellt durch eine seitens des Landtages veranlaßte Aenderung der 1873 erst definitiv verkündigten Synodalverfassung. Der Landtag berieth 1874 über ein ihm vorgelegtes Gesetz, welches die zunächst nur als kirchliche Ordnung publizirte Kirchengemeinde- und Synodalordnung zu landesgesetzlichem Bestande führen sollte. Das Abgeordnetenhaus schnitt nun aber die Kirchenordnung gleichsam mitten durch. Es legalisirte die Gemeindeorgane, verschob aber die Legalisirung der Synodalorgane bis zur Verständigung über die Generalsynodalordnung. Der Minister glaubte gegenüber diesen Beschlüssen nicht bis zur Anwendung der äußersten Mittel gehen zu dürfen, er gab seinem anfänglichen Widerspruch nicht nachhaltigen Nachdruck. Jene Beschlüsse waren aber in der nicht verhehlten Absicht gefaßt, eine Reorganisation der Kreissynode und der Provinzialsynode als der Wahlkörper für die Generalsynode durchzusetzen. Vorerst gab man in kirchlichen Kreisen die Hoffnung nicht auf, die Regierung werde die Frage der Umgestaltung der unteren Synodalstufen der definitiven Generalsynode vorbehalten, schon um nicht einen vielleicht verhängnißvollen Präzedenzfall zu schaffen für ein Eingreifen des Landtags in die inneren Verhältnisse der Kirche. Allein diese Hoffnung hat sich nicht erfüllt. Die Staatsregierung einigte sich mit der Kirchenregierung darüber, daß angesichts der gesammten Lage in Kirche und Staat eine Umbildung der unteren Stufen der synodalen Organisation alsbald erforderlich sei, eine Bedingung für das gesetzliche Zustandekommen der Kirchenverfassung. Ja es befestigte sich in den maßgebenden Kreisen die Ueberzeugung, daß eine solche Umbildung nicht nur im Blick auf den Landtag unaufschieblich, sondern auch im Interesse der Kirche selbst erwünscht sei. Das ist der Ursprung der sogenannten Schlußbestimmungen des Entwurfs, welche nach drei Gesichtspunkten die Zusammensetzung der Kreissynoden und Provinzialsynoden ändern. Dieselben sollten

1) **Vermehrung des Laienelements in den Synoden** bis auf annähernd die doppelte Zahl der Geistlichen,
2) eine angemessene Berücksichtigung der an Seelenzahl **stärkeren Gemeinden und Kreise**, also der städtischen Bevölkerung,
3) die Wahl der Kreissynodalen durch die **vereinigten Gemeindeorgane**

herbeiführen. Eine Aenderung der Kirchenordnung in dieser Richtung wurde in die Generalsynodalordnung selbst aufgenommen. Wenn diese Schlußbestimmungen nicht gewesen wären, so hätten unsere Berathungen vermuthlich ein einheitlicheres Ergebniß erzielt. Auch hätten sich die Gruppen in der Versammlung schwerlich so scharf nach der sonstigen kirchlichen Parteistellung getrennt, sondern die Stellung der definitiven Generalsynode einerseits zur Kirchenregierung, andrerseits zu den Provinzialsynoden würde für eine eventuelle Parteibildung entscheidend geworden sein. Nunmehr aber vollzog sich eine tief gehende Sonderung in Parteien, und dieselbe war völlig beherrscht durch die verschiedene Haltung gegenüber den Schlußbestimmungen. Wenn auch einzelne Mitglieder in Rücksicht auf ihre amtliche Stellung oder aus Abneigung gegen das Parteiwesen auf den förmlichen Anschluß an eine Partei verzichteten, so theilte sich doch die Synode in drei bestimmt gesonderte Gruppen, von welchen die größte etwa $3/5$ der Synode, also 120 Stimmen für sich hatte, während die beiden andern in annähernd gleicher Stärke jede über etwa 40 Stimmen, also ⅕ der Versammlung verfügte. Am geschlossensten hielten unter den letzteren die sogenannten „Konfessionellen" zusammen, welche unter Führung der Herren v. Kleist-Retzow, Konsistorialpräsident Hegel, Graf Krassow und Pastor Euen nicht nur den Schlußbestimmungen den entschiedensten Widerstand entgegenstellten, sondern auch auf eine vom Staate unabhängigere Stellung der Kirche, auf größere Vollmachten der Synode gegenüber dem Kirchenregiment und auf eine selbständigere Stellung der Provinzialkirchen drangen. Ihnen stand am entschiedensten die große „evangelische Mittelpartei" gegenüber, welche sehr verschiedene Elemente nach rechts und links in sich vereinigte, aber verbunden war in dem Entschluß, auf Grund des evangelischen Bekenntnisses und der bestehenden kirchlichen Ordnung die Kirchenregierung in dem Versuch, das Verfassungswerk zum Abschluß zu bringen, energisch zu unterstützen, und um dieses Zieles willen auch die Schlußbestimmungen vorbehaltlich erwünschter Verbesserungen anzunehmen. Auch überwog in derselben die Neigung, den Centralorganen der Landeskirche gegenüber den Provinzen eine wirksame Machtstellung zu sichern, das landesherrliche Kirchenregiment in selbständiger Initiative gegen Aufsaugung in rein synodale Institutionen zu schützen, und dem traditionellen Vertrauensverhältniß der evangelischen Kirche zum Staat Rechnung zu tragen. Schwerer zu definiren ist die Stellung der in der Mitte zwischen beiden stehenden Gruppe der „positiven Union", geführt von den Berliner Hofpredigern Koegel und Bauer und der

Mehrzahl der Generalsuperintendenten, wie sie denn auch in den entscheidenden Abstimmungen nicht zusammengehalten hat. Das Verbindende waren nächst allgemeiner Mißstimmung über die Amtsthätigkeit der kirchlichen Centralbehörde formale und materiale Bedenken gegen die Aenderung der Synodalordnung vom 10. September 1873, in der sie eine gefährliche Nachgiebigkeit gegen den Landtag und eine verhängnißvolle Konzession an die durchschnittlich unkirchliche Bevölkerung der größeren Städte erblickten. Aber auch in dem Streben, die Verfassung mit stärkeren Garantien für das kirchliche Bekenntniß auszustatten und der Synode größeren Einfluß auf die Zusammensetzung und die Entschließungen des Kirchenregiments zu verschaffen, berührten sie sich mit den Konfessionellen. Indessen ohne den Widerstand gegen die Schlußbestimmungen hätte diese Tendenz für eine Parteibildung kaum hinreichende Schwerkraft geübt. Unter den „Konfessionellen" führten Laien überwiegend das Wort, ihren geistlichen Mitgliedern gelang es höchst selten, mit Wirkung zu reden. Umgekehrt war es bei den „Freunden der positiven Union", hier waren die Wortführer fast ausschließlich Theologen. Bei der evangelischen Mittelpartei brachte schon die größere Zahl ein stärkeres Hervortreten der verschiedenen Berufszweige mit sich. Doch haben wohl die juristischen und theologischen Professoren am meisten gesprochen. Die Synodalen aus den Provinzen Preußen und Rheinland gehörten mit vereinzelten Ausnahmen sämmtlich der evangelischen Mittelpartei an, welche demnächst am meisten durch zahlreiche und hervorragende Kräfte aus der Provinz Sachsen unterstützt war.

Die Synodalen aus Pommern gehörten in großer Mehrzahl zu den Konfessionellen; außerdem wurden dieselben besonders aus Schlesien und Westfalen verstärkt. Zu den „Positiven" stellte die Provinz Brandenburg ein starkes Kontingent. Aber auch Posen, Westfalen und theilweise Sachsen waren verhältnißmäßig erheblich unter ihnen vertreten. Interessant ist ein Blick auf den Antheil der verschiedenen Berufsarten an der Synode. Dieselbe zählte einschließlich von 13 Professoren der Theologie 98 Geistliche, resp. theologisch Gebildete, und einschließlich der 5 Konsistorialpräsidenten und eines juristischen Mitgliedes des Ev. Oberkirchenrathes 104 Laien resp. nicht für den geistlichen Beruf Gebildete. Weisen wir den im Kirchenregiment stehenden Juristen eine neutrale Stellung an, so gleicht sich das Verhältniß der kirchlich Beamteten und Nichtbeamteten vollständig aus. Zählt man aber die im Staatsdienst befindlichen Professoren nicht zu den Geistlichen, so bleiben letztere erheblich in der Minderheit. Unter den Geistlichen waren nur 24 einfache Pastoren, und auch hierbei 5 Hofprediger, hingegen 59 am Kirchenregiment Betheiligte, 11 General-Superintendenten, 34 Superintendenten, 13 Konsistorialräthe resp. Militäroberpfarrer und 13 Professoren, unter ihnen noch 6 Konsistorialräthe. Aus diesem Zahlenverhältniß darf aber keineswegs auf eine größere Abhängigkeit der am Kirchenregiment Betheiligten geschlossen werden. Denn von den Generalsuperintendenten gehörten nur 3 entschieden zur evangelischen Mittelpartei, von den Superintendenten, soweit ich es übersehen kann, nur 15, also nicht einmal die Hälfte, statt $^3/_5$, von den Professoren 7 unter 13. Der Stärke der Partei nach waren außer den Konsistorialräthen gerade die einfachen Pastoren überwiegend in der evangelischen Mittelpartei (15) vertreten.

Unter den Laien hebe ich zunächst hervor 9 nicht theologische Professoren, darunter 7 Juristen, und ferner 6 im Dienst der Schule stehende Beamte. Die Professoren wie die Schulbeamten gehörten sämmtlich der evangelischen Mittelpartei an mit Ausnahme zweier nicht mehr im aktiven Staatsdienst Befindlicher. Dasselbe gilt von den 6 städtischen Beamten und den 6 dem Berufskreis des Handels oder der Industrie Angehörigen, von denen nur Einer sich zu den „Positiven" hielt. Stärker war die Opposition im Stande der Gutsbesitzer vertreten, besonders unter denen aristokratischen Namens. Im ganzen zählte die Synode deren etwa 16. Weitaus am zahlreichsten unter den Laien in der Synode waren die im Dienst des Staates stehenden Verwaltungs- und Gerichtsbeamten, erstere etwa 36, letztere 22. Von den Juristen gehörte weitaus der größere Theil (mindestens 16), von den Verwaltungsbeamten unter 28 aktiven mindestens 17 zur evangelischen Mittelpartei. Dabei ist erwähnenswerth, daß sich in den beiden Lagern der Opposition 12 nicht mehr im Dienst stehende, zum größeren Theil noch rüstige Staatsbeamte befanden. Drei von ihnen gehörten zu den Führern der Opposition. Die aktive Armee hatte nur einen Vertreter, freilich einen sehr würdigen, den Feldmarschall Grafen Moltke, der sich auch hier als den großen Schweiger bewährte, aber fast nie auf seinem Posten fehlte. Zum Vorsitzenden erwählte die Synode den Grafen Otto zu Stolberg; Präsidenten des Herrenhauses; sie durfte sich bei seiner ebenso liebenswürdigen und gewandten als klaren und festen Leitung der Geschäfte dieser Wahl nur freuen. Stellvertreter des Vorsitzenden war unser allverehrter Synodalpräses Nieden. Die Debatten waren lebhaft und es fehlte mitunter nicht an einem schneidigen Ton, aber sie hielten sich fast immer in den durch die Würde der Versammlung und ihrer Aufgabe gezogenen Grenzen. Weitaus der größere Theil der Arbeit wurde in der Plenarversammlung erledigt, nur für Vorberathung der Wahlordnung für die Generalsynode in Verbindung mit den Schlußbestimmungen und für Vorberathung der Denkschrift des Evangelischen Oberkirchenraths über die Ressortverhältnisse staatlicher und kirchlicher Behörden wurden zwei Kommissionen erwählt, welche aus den verschiedenen Parteien zusammengesetzt das Für und Wider in gründlicher Berathung erwogen. An den Abenden fanden Vorberathungen der drei Fraktionen über die nächsten Gegenstände der Tagesordnung statt.

Wenn ich nun versuche, wenigstens die wichtigsten Ergebnisse unserer Berathungen zu beleuchten, so schicke ich die Bemerkung voraus, daß nach ausdrücklicher Erklärung des Königs, welche bei Eröffnung der Synode durch die Kirchenregierung wiederholt wurde, das Bekenntniß und die Union in der Landeskirche durch das Verfassungswerk nicht berührt werden sollen. Diesen wichtigen Grundsatz stellte denn auch die Synode in §. 1 an die Spitze der General-Synodalordnung, und in §. 4 (5)*)

---

*) Zur leichteren Orientirung der Leser stelle ich neben die Paragraphenzahl des Entwurfs die abweichende der am 20. Januar publizirten General-Synodalordnung.

bei Feststellung des Wirkungskreises der Generalsynode wurde es nochmals ausgesprochen, daß dieselbe mit dem Kirchenregiment des Königs der Erhaltung und dem Wachsthum der Landeskirche auf Grund des evangelischen Bekenntnisses zu dienen hat. Alle weiteren Versuche, der Gebundenheit der Synode an die einzelnen Gestaltungen des Bekenntnisses in der evangelischen Kirche noch bestimmtere Form zu geben, oder den Ausdruck für dieselbe z. B. bei der Bestimmung über die Regelung der Lehrfreiheit oder bei dem von den Synodalen abzulegenden Gelöbniß zu wiederholen, wurden als entweder müßig oder dem konfessionellen Parteiinteresse dienend zurückgewiesen.

Im übrigen beziehen sich die wichtigsten Bestimmungen der berathenen General-Synodalordnung

1) auf die Zusammensetzung der Generalsynode und der Wahlkörper, aus denen sie hervorgehen soll;
2) auf die Beziehungen der Kirche zum Staate, soweit dieselben in einer kirchlichen Ordnung zum Ausdruck kommen können;
3) auf das Verhältniß der Generalsynode zu dem Kirchenregiment des Königs;
4) auf das Verhältniß der die Interessen der Landeskirche vertretenden Generalsynode zu den die Interessen der Provinzialkirchen vertretenden Synoden.

Diese vier Punkte haben vorwiegend das Interesse der Versammlung in Anspruch genommen und lebhafte Diskussionen hervorgerufen, während die Vorschriften über die geschäftliche Ordnung der Synode ohne erhebliche Schwierigkeiten geregelt wurden. Am bedeutendsten ist in dieser Hinsicht, daß nach dem Beschlusse der Synode das **Präsidium** und der **permanente Synodalvorstand** nicht zusammenfallen sollen und ersteres zu Anfang, letzterer am Schlusse der Berathungen zu wählen sein wird.

1. Den schwierigsten, den Frieden weitaus am meisten bedrohenden Gegenstand der Verhandlungen bildete in Verbindung mit den Bestimmungen über die **Zusammensetzung der Generalsynode** (§. 2 u. 3, beziehw. 2—4) die §. 39—43 (42—46) vorgeschlagene **Aenderung der Wahlkörper** für die Generalsynode. Schon die dreitägige Generaldebatte, welche die Berathung des Entwurfs eröffnete, bezog sich vorzugsweise auf die Schlußbestimmungen. Die spezielle Verhandlung über dieselben wurde durch eine Kommission von 29 Mitgliedern vorbereitet, in der alle Ueberzeugungen verhältnißmäßig vertreten waren; dieselbe hat sich in 12 theilweise langen Sitzungen dieser Aufgabe unterzogen. In Bezug auf die Komposition der definitiven Generalsynode selbst wurde wenig an der Wahlordnung von 1873 geändert. Nur sollen künftig die Mitglieder der juristischen Fakultäten wegfallen, da diese in keinem organischen Band mit der Kirche stehen; ferner sollen die vereinigten Kreissynoden Berlins durch königliche Verordnung aus dem Verband der Brandenburgischen Synode ausgeschieden werden und eine besondere Synode für sich bilden. Andere Anträge, die 150 Deputirten der Provinzen aus Urwahlen oder aus Wahlkörpern von Delegirten der Kreis=

synoden hervorgehen zu lassen, die Zahl der Synodalen auf die Hälfte zu rebuziren, den Minoritäten auf den Provinzialsynoden eine angemessene Vertretung zu garantiren, die Zahl der landesherrlichen Ernennungen zu mindern, wurden abgewiesen.

Hingegen lebhafter Widerspruch erhob sich gegen die Schlußbestimmungen (§. 39—43 beziehw. 42—46), welche, wie gesagt, den dreifachen Zweck hatten, in den Kreis- und Provinzial-Synoden die Zahl der Nichtgeistlichen zu vermehren, bei dieser Vermehrung den größeren Gemeinden, also vorzugsweise den Städten, eine angemessene Vertretung zu sichern und bei den Wahlen der Gemeinden für die Kreissynoden in den Gemeindevertretungen (Repräsentanz) eine größere Anzahl von Wählern heranzuziehen. Gegen diese Neuerung wurde ein doppeltes Bedenken geltend gemacht. Das eine bezog sich auf die Sache selbst, und zwar weniger auf den Gedanken, die Laien in stärkerer Zahl für die Theilnahme am kirchlichen Leben zu gewinnen, als auf die bedenkliche Berücksichtigung der überwiegend unkirchlichen Massen. Man erblickte hierin die Einführung eines im Grunde demokratischen, die kirchliche Organisation vergiftenden Prinzips. Noch entschiedener war aber das Widerstreben, schon jetzt nach zwei Jahren an der kirchlichen Ordnung zu ändern, bevor man längere Erfahrungen abgewartet habe, und bevor die Provinzialsynoden über das Bedürfniß einer solchen Aenderung gehört worden seien. Vollends sei es das Betreten einer zur Knechtschaft führenden schiefen Ebene, wenn die Aenderung unter dem Druck der Majorität des Abgeordnetenhauses stattfinde. Man sagte, der König habe gar

nicht das Recht, nachdem die Synodalordnung feierlich und
definitiv als kirchliche Ordnung verkündigt worden sei,
solche Aenderung ohne das Votum der Betheiligten vor=
zunehmen. Dem gegenüber wurden von der Majorität die
leitenden Gedanken der Schlußbestimmungen als zweckmäßig
anerkannt. Die Meisten bedauerten allerdings, daß man schon
jetzt, vor dem Vorhandensein der definitiven Generalsynode,
eine Verfassungsänderung vornehmen solle; aber sie ver=
schlossen sich nicht der von der Staatsregierung und der
Kirchenregierung mit großem Nachdruck betonten Nothwen=
digkeit, indem ohne diese Aenderung ein gesetzliches Zu=
standekommen der Kirchenverfassung nicht zu denken sei.
Man beschränkte sich daher von dieser Seite auf den Ver=
such, die Umgestaltung einiger praktisch bedenklichen Be=
standtheile des Entwurfs herbeizuführen. Das ist denn
auch in nicht unwesentlichen Punkten gelungen. In Ge=
meinden unter 500 Seelen, wo keine besondere Gemeinde=
vertretung besteht, sollen nicht die sämmtlichen Wähler,
sondern die Kirchengemeinderäthe (Presbyterien) die Laien=
deputirten für die Kreissynode wählen. Die Stellvertreter
für die letzteren sollen wegfallen, da auch die Geistlichen in
Verhinderungsfällen keine Vertreter haben. Die eine Hälfte
der Laien in der Kreissynode muß aus Aeltesten oder frü=
heren Aeltesten bestehen, und bei der Vertheilung der zwei=
ten Hälfte auf die größeren Gemeinden sollen außer der
Seelenzahl auch die lokalen Verhältnisse der Gemeinden
und Kreise berücksichtigt werden. Auch hier soll der bei der
Generalsynode und Provinzialsynode geltend gemachte Grund=
satz eines Drittels ohne Standes= und Amtsbeschränkung

Anwendung finden, so daß also auch die emeritirten Geistlichen, die Militär- und Anstaltsgeistlichen in dieser dritten Kategorie in die Kreissynode gewählt werden können. Endlich soll durch Theilung der größeren Diözesen eine übermäßige Anschwellung der Mitgliederzahl der Kreissynode vermieden werden. Dies sind alles Aenderungen, welche die Grundgedanken der Schlußbestimmungen unberührt lassen, aber manche bei der Ausführung unvermeidliche Uebelstände beseitigen oder doch mildern. Solchen Aenderungen hat denn auch die Kirchenregierung ihre Zustimmung nicht versagt. Es ist in der That ein unberechtigter Einwand, daß die Kirche durch die vorgeschlagene Ordnung desorganisirt und den Massen ausgeliefert werde. Es bleibt alles in der stufenweise aufsteigenden Ordnung, das presbyteriale Prinzip ist in dem passiven Wahlrecht der Aeltesten für die Kreissynode aufrecht erhalten, der geistliche Stand hat einen angemessenen Antheil an allen synodalen Körpern, die Heranziehung größerer Kreise in kirchliche Thätigkeit soll gerade ein Mittel sein, die ungesunde und unnatürliche Spannung zwischen Geistlichen und Laien zu mildern und das Interesse der Fernstehenden an der Kirche zu beleben. Als über das Ganze der Schlußbestimmungen (§. 39, bezw. 42) in namentlicher Abstimmung entschieden wurde, sprachen sich 78 Stimmen dagegen, 113 dafür aus; bei dieser Abstimmung hielten also die beiden oppositionellen Gruppen mit wenigen Ausnahmen an ihrem gleich zu Anfang hervorgetretenen Widerspruche fest. Das hinderte aber einen ansehnlichen Theil der mittleren Gruppe nicht, bei der letzten Abstimmung über das Ganze des Entwurfs mit Ja zu stimmen. Bei dieser letzten Abstimmung stellte sich das Verhältniß so, daß 134 für, 62 gegen den Entwurf einer Synodalordnung stimmten, und unter letzteren war auch Stadtrath Techow.

2. Der zweite Gegenstand, der zu lebhafteren Erörterungen Anlaß gab, betraf das Verhältniß der Kirche zum Staat, wie es besonders in den §. 5 (6) und 38 (41), so wie in der vom Evangelischen Oberkirchenrath der Synode vorgelegten Denkschrift Ausdruck gefunden hatte. Die Klagen, welche sich in kirchlichen Kreisen gerade gegen diese Resultate unserer Synode richten, sind wenig begründet; sie verkennen theils den ungemein wichtigen Fortschritt zu einer freien Stellung der Kirche, theils die Grenzen, welche der synodalen Einwirkung auf diesem Gebiete gesteckt sind. Die Freiheit der Kirche kann nicht auf dem Wege der Separation und Opposition erreicht werden, sondern nur durch gesetzliche Uebertragung der innerkirchlichen Angelegenheiten auf rein kirchliche Organe, durch Beschränkung der staatlichen Behörden auf die Wahrung der staatlichen Interessen, und durch kirchliche Verwaltung der den Bedürfnissen der Kirche dienenden finanziellen Mittel. In Betreff der beiden wichtigsten Punkte, einer ausreichenden Dotation der evangelischen Kirche und der Besetzung der kirchenregimentlichen Stellen durch kirchliche Organe, hat die Synode aber gar keine entscheidende Stimme, da gesetzlich diese Dinge noch staatliche Angelegenheiten sind und nur auf dem Wege der Staatsgesetzgebung zu kirchlichen gemacht werden könnten. Die Synode hat sich daher darauf beschränken müssen, in Form von Resolutionen Wünsche aus=

zusprechen. Und das ist in bestimmtester Weise geschehen, sowohl in Betreff der finanziellen Dotation, als in Betreff der Besetzung kirchenregimentlicher Stellen, für welche staatlichen Behörden künftig nur noch ein Einspruchsrecht bleiben soll, also ein im Interesse des Staates unentbehrliches Wächteramt. Zur Erfüllung kann nur die staatliche Gesetzgebung diese Wünsche führen, und um dies früher oder später zu erreichen, ist ein wechselseitiges Vertrauensverhältniß zwischen den Faktoren staatlicher Gesetzgebung und der evangelischen Kirche unerläßliche Voraussetzung. In nächster Zeit hoffe ich noch nicht auf die Erfüllung dieser Wünsche, habe auch von der außerordentlichen Generalsynode nicht viel erwartet. Spannung und Mißtrauen sind jetzt zu groß. Wenn aber, nachdem die neue Kirchenverfassung sich bewährt und Wurzel gefaßt hat, nachdem die so ganz unnatürliche und krankhafte Spannung zwischen Geistlichen und Laien im Osten sich gemildert hat, diese Forderungen erfüllt werden, sei es durch Bewilligungen des Staates, sei es durch Verzichtleistung der Kirche auf staatliche Unterstützung, so ist in dieser Hinsicht alles Erwünschte erreicht. In §. 38 (41) der General-Synodalordnung ist dem Grundsatz der Unabhängigkeit der Kirche vom Staat ein klarerer Ausdruck gegeben worden, als dies in dem ursprünglichen Entwurf der Fall war, indem gesagt ist, die Neuregelung der Ressortverhältnisse (d. h. dessen, was die beiderseitigen Behörden gemeinsam oder selbständig zu verwalten haben) zwischen den Staatsbehörden einerseits und den Kirchenbehörden andererseits bleibt staatlicher Anordnung vorbehalten. Damit ist ausdrücklich gesagt, daß die Kirchenbehörde, also die Konsistorien und der Evangelische Oberkirchenrath keine Staatsbehörden sein sollen, sondern Organe des höchsten Trägers des Kirchenregiments. In welcher Weise die Ausführung dieser Neuregelung im einzelnen kirchlicherseits gewünscht wird, das ist in einer Denkschrift des Evangelischen Oberkirchenraths und in den auf dieselbe bezüglichen Resolutionen der Synode eingehend klargestellt. Mag man hier über Einzelheiten verschieden denken, die Grundgedanken sind sicherlich richtig. Dafür konnte schon die Zusammensetzung der zur Vorberathung dieser Sache eingesetzten Kommission von 15 durchaus sachkundigen Männern Bürgschaft leisten.

Am wichtigsten ist aber §. 5 (6) für die Begründung der Freiheit der Kirche vom Staate. Nur Mangel an Verständniß für derartige Dinge gestattet zu verkennen, welch ein bedeutender Fortschritt im Sinne der kirchlichen Freiheit dieser §. 5 (6) in Aussicht stellt. Zum ersten Mal wird in der deutsch-evangelischen Kirche der kirchliche Charakter der kirchlichen Gesetzgebung vollkommen sicher gestellt. Es wird bestimmt, daß landeskirchliche Gesetze von dem Könige, als Träger des Kirchenregiments, nicht als Staatsoberhaupt erlassen, von dem Präsidenten des Evangelischen Oberkirchenrathes, nicht von dem Kultusminister gezeichnet werden und ihre verbindliche Kraft durch Verkündigung in einem kirchlichen Gesetz- und Verordnungsblatt, nicht in der staatlichen Gesetzsammlung erhalten, daß dieselben der Zustimmung der Generalsynode bedürfen und diese auch das Recht hat, landeskirchliche Gesetze vorzuschlagen. Damit ist ein Prin=

zip von größter Tragweite ausgesprochen, welches grund=
sätzlich die volle Unabhängigkeit der kirchlichen Gesetzgebung
garantirt. Nun hat man aber ernstlichen Anstoß daran
genommen, daß bevor ein von der Generalsynode angenom=
menes Gesetz dem Könige zur kirchenregimentlichen Geneh=
migung vorgelegt wird, die Erklärung des Ministers der
geistlichen Angelegenheiten darüber herbeizuführen ist, ob
gegen den Erlaß desselben von Staats wegen etwas zu er=
innern sei. Man sieht darin die Erneuerung der Abhän=
gigkeit der kirchlichen Gesetzgebung vom Kultusminister.
Das beruht aber nach meiner Ueberzeugung auf einem
Mißverständnisse. Die Gesetzgebung für eine kirchliche Kor=
poration von 12 Millionen Seelen kann unmöglich ohne
Wahrnehmung des staatlichen Aufsichtsrechts sich voll=
ziehen; es kann sich nur fragen, in welcher Form diese
Wahrnehmung geschehen soll, ob vorwiegend innerhalb der
Kirche oder wider die Kirche. Je weniger Bürgschaften
die Kirche selbst in ihrer Verfassung dafür gibt, daß die
staatlichen Interessen geschont bleiben, desto stärker und für
die Kirche empfindlicher muß sich der Staat durch Staats=
gesetz diese Garantien verschaffen. Da ist es nun dem tra=
ditionellen Vertrauensverhältniß der evangelischen Kirche
zum Staat allein angemessen, daß die Kirche selbst in ihrer
Ordnung den Willen kund gibt, ihre Gesetze nicht in einen
Konflikt mit staatlichen Interessen zu führen. Konflikten,
wie sie zwischen Rom und den Staatsregierungen her=
gebracht sind, sucht die evangelische Kirche vorzubeugen; sie
sucht sich daher vor dem endgültigen Zustandekommen ihrer
Gesetze zu vergewissern, daß dieselben solche Konflikte nicht

befürchten lassen. Dazu kommt die überaus zarte Doppelstellung der Person des Königs, als Staatsoberhaupt und als Träger des Kirchenregiments. Die Minister des Königs sind für alle seine öffentlichen Handlungen verantwortlich. Der König kann unmöglich als Träger des Kirchenregiments Kirchengesetze publiziren, für deren Zulassung im öffentlichen Recht der Minister nicht die Verantwortlichkeit übernehmen kann. Daher ist es unter der Voraussetzung, daß der König das Amt des obersten Kirchenregiments im Interesse unserer Kirche fortführen soll, nothwendig, etwaige Differenzen zwischen den obersten Kirchen- und Staatsbehörden möglichst auszugleichen und klar zu stellen, bevor die letzte Entscheidung von dem Könige zu treffen ist. Der ursprüngliche Wortlaut dieser Bestimmung ließ allerdings die Auffassung zu, als ob ohne Erlaubniß des Kultusministers dem Könige beschlossene Kirchengesetze gar nicht vorgelegt werden dürften. Damit hätte der Kultusminister den Schlüssel für das Ohr des Königs. Einer solchen Auffassung ist aber vorgebeugt worden, indem Kirchengesetze nur zugleich mit der Erklärung des Kultusministers über ihre staatliche Zulässigkeit dem Könige vorgelegt werden sollen. Darin liegt keine andere Schranke für die Unabhängigkeit der Kirche, als die im eigensten Interesse der Kirche selbst geforderte. Endlich erwähne ich noch, daß auf Antrag des Synodalen v. Kleist-Retzow und unter Zustimmung der Kirchenregierung die Synode einen Zusatz zu §. 33 (36) beschloß, nach welchem der Evangelische Oberkirchenrath in Verbindung mit dem Synodalvorstand die Kirche nach außen zu vertreten hat. Es bezieht sich dies hauptsächlich auf die Vertretung der Landeskirche in vermögensrechtlicher Hinsicht.*) Die Synode hat somit den Beziehungen der Kirche zum Staat, soweit dies in ihrer Macht und Aufgabe lag, zweckmäßigen Ausdruck gegeben und im übrigen diejenigen Wünsche formulirt, welche bei der staatlichen Gesetzgebung im Interesse der Kirche geltend zu machen sein werden. Dabei ist freilich immer vorausgesetzt, daß das Oberältestenamt des Königs in der evangelischen Kirche kein bloßer Ehrentitel, sondern eine Machtstellung ist, und daß diese Machtstellung kein Joch, sondern ein Gut für unsere Kirche ist, daß wir das landesherrliche Kirchenregiment nicht entbehren können, und das wird nicht überall gewürdigt. Möchte man sich doch klar machen, wohin die absolute Indepenbenz unserer Landeskirche in ihrer gegenwärtigen Zersplitterung und bei der Spannung zwischen dem Klerus und einem großen Theil der Gemeinden führen würde! Das leitet mich zu dem dritten Hauptgegenstand der synodalen Verhandlungen, zu

3. **dem Verhältniß der Generalsynode zum Kirchenregiment.** Auch hierüber hören wir dieselben Klagen, daß die Freiheit der Kirche preisgegeben sei. Als ob Synode und Kirche identische Begriffe seien, als ob das Regiment der Kirche außerhalb derselben stünde! Die Verfassung der evangelischen Kirche hat sich von Anfang an in zwei entgegengesetzten Typen ausgeprägt, dem synodalen, in welchem das Kirchenregiment rein aus den Gemeinden

---

*) In der am 20. Januar publizirten General-Synodalordnung hat dieser Satz in etwas anderer Fassung seine Stelle unter den Befugnissen des Synodalvorstandes (§. 36, 4) erhalten.

hervorging, ohne anderen Zusammenhalt, als die gemeinsamen religiösen Ueberzeugungen und kirchlichen Grundsätze, und dem konsistorialen, in welchem auf Grund gemeinsamer religiöser Lehren dem Staatsoberhaupt untergeordnete kirchenregimentliche Behörden unter Berathung des Lehrstandes die Kirche leiteten. Auch in Großbritannien begegnen wir verwandten Gegensätzen. Allein die Entwickelung auf den isolirten Inselreichen stand unter anderen Bedingungen, als die auf dem Kontinent. Auf dem Kontinent sind die rein synodal verfaßten Kirchen, mit Ausnahme der holländischen, einiger niederrheinischer und schweizerischer Gemeindeverbände, sämmtlich dem staatlichen Druck erlegen, besonders in Frankreich, Polen und Oesterreich; seit ihrer Wiedererstehung haben sie mehr oder weniger konsistoriale Formen angenommen. In Deutschland ist das konsistoriale System fast allein herrschend geworden, hat aber Uebelstände erzeugt, welche in der konstitutionellen und konfessionell-paritätischen Staatsform sich bis zur Unerträglichkeit steigern. So ist denn der überall gleiche Grundgedanke der neuen Verfassungsentwicklung in der deutschen evangelischen Kirche eine Kombination der Synodalverfassung mit der Konsistorialverfassung, und diese Idee liegt auch der Synodalordnung für unsere evangelische Landeskirche zu Grunde. Einerseits ist die Generalsynode in der Ordnung ihrer Geschäfte, in der Wahl ihres Präsidiums und ihres permanenten Ausschusses, in dem Recht der Initiative völlig unabhängig gestellt, und mehrere Vorsichtsmaßregeln, die man bei den Provinzialsynoden für nöthig gehalten hatte, sind bei der Generalsynode fortgefallen. Ferner ist sie mit einem gewichtigen Antheil an der kirchlichen Gesetzgebung und Verwaltung ausgestattet und dafür gesorgt, daß in den 6 Jahren zwischen ihren Versammlungen in dem Synodalvorstand und Synodalrath aus dem Vertrauen der Synode hervorgegangene Organe dem Kirchenregiment zur Seite stehen. Andererseits ist aber die Generalsynode neben das Kirchenregiment des Königs, nicht über dasselbe gestellt; sie soll dasselbe ergänzen, nicht in sich aufsaugen. Diese beiden Gesichtspunkte beherrschen den Entwurf in allen seinen Theilen, sie sind in demselben mit eben so freiem Sinn als vorsichtigem Takt ausgeglichen. Nach diesem Maßstabe müssen die einzelnen Bestimmungen über das Verhältniß der Generalsynode zum Kirchenregiment beurtheilt werden. Die Klagen über die Schädigung der kirchlichen Freiheit beruhen zum größten Theil auf einem unverständigen und unpraktischen Idealismus, der, wohl ohne die Tragweite seiner Wünsche völlig zu übersehen, auf den reinen Synodalismus abzielt. Es wird dies deutlich werden, wenn ich die einzelnen, der Generalsynode zugedachten Rechte kurz beleuchte. Das erste und wichtigste Recht ist das des Antheils an der **landeskirchlichen Gesetzgebung.** Daß dieselbe ausnahmslos an die Zustimmung der Generalsynode gebunden und dieser auch das Recht der Initiative zugesichert ist, wurde schon gesagt. Wenn nun in §. 6 (7) der General=Synodalordnung einzelne bestimmte Gegenstände der landeskirchlichen Gesetzgebung mit Uebergehung anderer aufgezählt werden, so liegen den Klagen über das Zuviel oder Zuwenig in dieser Aufzählung bedauerliche Mißverständnisse zu Grunde. Es verhält sich damit folgendermaßen. Prinzipiell ist gar nichts, was überhaupt Gegenstand kirchlicher Gesetzgebung sein kann, der Synode entzogen. Denn §. 5 (6) sagt, daß alle landeskirchlichen Gesetze der Zustimmung der Generalsynode bedürfen; und §. 7 (8) sagt, daß die Kirchenregierung wie die Generalsynode über alle Gegenstände der kirchlichen Ordnung, deren allgemeine kirchengesetzliche Regelung heilsam erachtet wird, Gesetzesvorschläge machen können. Für die Zukunft bleibt also der Entwickelung der kirchlichen Institutionen durch synodale Gesetzgebung der freieste Spielraum. So lange dies aber nicht in umfassender Weise zur Ausführung gekommen ist, gibt es in der Landeskirche zwei andere Faktoren, durch welche kirchliche Ordnungen geschaffen werden können, die landesherrliche Centralbehörde mit ihrem Verordnungsrecht und die Provinzialsynoden mit ihrem Antheil an der kirchlichen Gesetzgebung für die einzelnen Provinzen Dem gegenüber ist nun die Absicht des so viel mißdeuteten §. 6 (7), diejenigen Gegenstände jetzt schon zu bezeichnen, welche unter allen Umständen weder auf dem Wege königlicher Verordnung noch auf dem Wege provinzieller Gesetzgebung geregelt werden dürfen, für die es also gegenüber dem Kirchenregiment unbedingt künftig der Zustimmung der Generalsynode bedarf. Es war schwer verständlich, wie Männer in hohen kirchlichen Aemtern diese auf Erweiterung der synodalen Rechte zielenden Bestimmungen antasten und die theilweise Beseitigung derselben unterstützen konnten. Durch §. 6 (7) verzichtet die Kirchenregierung auf ihr bisheriges Recht, in allen hier aufgezählten Angelegenheiten, sei es allein, sei es mit Hülfe einzelner Provinzialsynoden, einseitig vorzugehen. Es sind dies aber gerade die am tiefsten eingreifenden Lebensfragen für die Kirche, die Regelung der kirchlichen Lehrfreiheit, die ordinatorische Verpflichtung der Geistlichen, die Kirchenzucht und die Disciplinargewalt über Geistliche, die Bedingungen für die Besetzung der geistlichen Aemter, die Bedingungen der kirchlichen Trauung, die Einführung und Abschaffung allgemeiner kirchlicher Feiertage, Aenderung der synodalen Ordnung in der Landeskirche oder der Kirchenverfassung, welche das Konsistorialsystem prinzipiell modifiziren. Endlich ist auch für die zu allgemeinem landeskirchlichen Gebrauch bestimmten agendarischen Normen und kirchlichen Lehr- und Erbauungsbücher der Generalsynode die Mitwirkung garantirt. Nur ist auf diesem zarten, für gesetzlichen Zwang so empfindlichen Gebiet Sorge getragen, daß bei neuen agendarischen Ordnungen, welche die Verwaltung der Sakramente betreffen, den einzelnen Gemeinden ein Einspruchsrecht zusteht, und daß Katechismuserklärungen, Religionslehrbücher und Gesangbücher von den Centralbehörden und Provinzialbehörden überhaupt nicht obligatorisch eingeführt werden dürfen, über ihre Zulassung aber zum landeskirchlichen Gebrauch die Generalsynode zuzustimmen hat. Beschränkt ist also hier die Kompetenz der Synode nur, sofern die Gemeinden gegen eine zwangsweise vorgehende Gesetzgebung geschützt werden.

Nächst diesem umfassenden Antheil an der kirchlichen Gesetzgebung ist der Generalsynode §. 15 und 16 (16 und 17) Recht und Pflicht zugewiesen, in der Form von Anträgen und Beschwerden über das Wohl der Landeskirche auch gegenüber der Kirchenregierung zu wachen. Sie kann das Kirchenregiment in dem ganzen Gebiet seiner Thätigkeit zu den Maßregeln anregen, welche sie dem landeskirchlichen Bedürfniß entsprechend erachtet, und auf solche Anträge muß ein motivirter Bescheid erfolgen. Glaubt aber die Generalsynode, daß kirchenregimentliche Verfügungen kirchengesetzliche Vorschriften verletzt haben, so steht ihr der Weg der Beschwerde offen und muß auch hierauf ein Bescheid erfolgen. In diesen Bestimmungen liegt der nicht zu unterschätzende Keim einer moralischen Kontrole der Synode über die Verwaltungsthätigkeit der Kirchenregierung. Man könnte höchstens an denselben aussetzen, daß wenn solche Beschwerden sich auf den Evangelischen Oberkirchenrath selbst beziehen, dieselben geeigneter an den König, als den obersten Träger der Kirchengewalt, zu richten sind. Denn dasselbe Kollegium kann nicht zugleich Verklagter und Richter sein. Die Ablehnung einer hierauf zielenden Bestimmung wurde damit motivirt, daß die Person des Königs nicht direkt unter den Instanzen für Beschwerden genannt werden solle, daß aber selbstverständlich der Synode für solche Beschwerden jederzeit der Zugang zum Könige offen stehe.

Ein weiteres der Generalsynode zugedachtes Recht von größter Bedeutung ist die Institution des Synodalvorstandes und Synodalrathes (§. 19. 20. 31—34, bezw. 21—23. 34—37). Da die Synode in der Regel nur alle 6 Jahre zusammenkommen soll, so wäre ihre Wirksamkeit eine gehemmte und beschränkte, wenn sie in der Zwischenzeit gar keine Gelegenheit hätte, auf die Entschließung der Kirchen=Regierung einen Einfluß zu üben. Diesem Bedürfniß einer dauernden Wirksamkeit der Synode über ihre Versammlungen hinaus, soll vorerst der aus 7 von der Synode am Schluß ihrer Berathungen frei gewählten Mitgliedern bestehende Synodalvorstand genügen. Bei seiner Organisirung ist vor allem anzuerkennen, daß derselbe als selbständiges Kollegium seinen eigenen Vorsitzenden hat, seine Geschäftsordnung selbst regelt, die Generalsynodalkasse verwaltet, über seine Wirksamkeit der Synode Bericht erstattet, die neue Synode eröffnet, die Wahl ihres Präsidiums leitet und die Verwaltung der kirchlichen Fonds durch den Evangelischen Oberkirchenrath kontrolirt. Außerdem hat er das Recht, als eigenes Kollegium Anträge zu stellen auf Beseitigung von Mängeln, welche bei der kirchlichen Gesetzgebung und Verwaltung hervortreten, sowie Gesetzesentwürfe behufs ihrer Einbringung in die Generalsynode auszuarbeiten. Es ist ihm demnach ebenso die selbständige Geschäftsführung, wie das Recht der Initiative gesichert. Endlich vertritt der Synodalvorstand die Generalsynode, wenn Anordnungen, welche der beschließenden Mitwirkung der Generalsynode bedürfen, wegen ihrer Unaufschieblichkeit durch kirchenregimentlichen Erlaß provisorisch getroffen werden sollen. Solche Erlasse können nur ergehen, wenn der Synodalvorstand sowohl ihre Unaufschieblichkeit anerkennt, als auch ihrem Inhalt zustimmt und mit ausdrücklicher Erwähnung dieser seiner Mitwirkung. Es bedarf nur der Erinnerung an die Vorgänge der letzten Jahre, um die Bedeutung dieser Bestimmung zu würdigen.

In anderen noch wichtigeren Angelegenheiten sind die Mitglieder des Synodalvorstandes einzuberufen, um als außerordentliche Mitglieder des Evangelischen Oberkirchenraths mit vollem Stimmrecht an den Berathungen und Beschlüssen der obersten Kirchenbehörde Theil zu nehmen. Es soll dies geschehen nach dem ursprünglichen Entwurf bei Entscheidungen der obersten Kirchenbehörde wegen Irrlehre von Geistlichen, bei der Feststellung der von der Kirchenregierung der Generalsynode vorzulegenden Gesetzesentwürfe, bei den Vorschlägen für die Besetzung der Generalsuperintendenturen. Hierzu hat die Synode noch hinzugefügt: bei der Feststellung der zur Ausführung der landeskirchlichen Gesetze erforderlichen Instruktionen und bei Vorschlägen für Besetzung kirchenregimentlicher Stellen, die vom Evangelischen Oberkirchenrathe ausgehen. Gegen letzteres ist aber seitens des Königlichen Kommissars ein so entschiedener Widerspruch aus praktischen Gründen erhoben worden, daß eine Aufnahme des Beschlusses in die Generalsynodalordnung kaum erwartet werden kann.*) Endlich ist der Kirchenregierung vorbehalten, nach eigenem Ermessen sowohl dem Synodalvorstand anderweitige Vorlagen zu machen, als auch denselben für ihre Berathungen in das Kollegium zuzuziehen, wenn sie ihre Verantwortlichkeit für wichtigere Maßregeln mit dem Synodalvorstand theilen will.

---

*) Der Erlaß vom 20. Januar d. J. enthält diesen Zusatz, wie erwartet werden mußte, nicht. Die übrigen Abweichungen von den Beschlüssen der Synode sind aber nur von formeller Bedeutung. In §. 6 ist das Recht der Gemeinden gegen Provinzialsynoden und Generalsynoden gleichmäßig gesichert.

Eine ganz andere Aufgabe hat der aus dem Synodalvorstand und aus 18 auf die 8 Provinzen nach Verhältniß ihrer kirchlichen Bedeutung vertheilten Mitgliedern bestehende Synodalrath. Er bildet weder ein eigenes Kollegium, noch hat er Befugnisse der Beschlußfassung. Er soll jährlich einmal in Berlin versammelt werden, um mit dem Evangelischen Oberkirchenrath in dessen Sitzung über Aufgaben und Angelegenheiten der Landeskirche zu berathen, in welchen die Kirchenregierung zur Feststellung leitender Grundsätze seinen Beirath für nothwendig erachtet. Die praktische Bedeutung dieses Instituts besteht darin, daß durch persönlichen Austausch mit kirchlichen Vertrauensmännern der Kirchenregierung Gelegenheit gesichert wird, sowohl mit den Stimmungen und Wünschen in den einzelnen Theilen der Landeskirche lebendige Fühlung zu erhalten, als auch über die eigenen Absichten und Erwägungen aufzuklären.

Beide Institute sind bestimmt, ein organisches Band zwischen dem Kirchenregiment des Königs und der Generalsynode zu knüpfen, und sie können beide viel zu einer friedlichen und fruchtbaren Entwickelung unsers kirchlichen Verfassungslebens beitragen. Von ihrer Wirksamkeit hängt eine gedeihliche Verbindung synodaler und konsistorialer Institutionen vornehmlich ab.

Endlich noch ein Wort über die finanziellen Befugnisse der Generalsynode (§. 10—14, bezw. 11—15 und §. 35—37, bezw. 38—40). Es ist sicherlich im Interesse der Freiheit der Kirche, daß die sämmtlichen durch die synodalen Einrichtungen erwachsenden Kosten (§. 35—37, bezw. 38—40), sowohl die für die Versammlungen der Generalsynode, wie die für das Zusammentreten des Synodalvorstandes und Synodalrathes lediglich aus kirchlichen Mitteln bestritten werden sollen. Dies gibt der Synode von Hause aus eine unabhängigere Stellung. Wird die Summe, die nöthig sein wird, auch an sich nicht gering sein, so wird sie doch bei der Vertheilung auf die einzelnen Gemeinden diese nicht erheblich belasten. Die Verwaltung der Generalsynodalkasse durch den Synodalvorstand wird einige Schwierigkeiten haben. Es ist aber im Interesse der Unabhängigkeit der Synode angeordnet, daß nur auf Wunsch der Generalsynode selbst die Verwaltung derselben auf den Evangelischen Oberkirchenrath übergehen kann. Auch sonst ist der Generalsynode in §. 10—14 (11—15) ein Antheil an der Verwaltung der kirchlichen Fonds gesichert, welcher erst größere Bedeutung erhalten wird, wenn die Kirche in einen umfassenderen Besitz gelangt. Ueber die unter Verwaltung des Evangelischen Oberkirchenrathes stehenden und künftig zu stellenden kirchlichen Fonds übt die Generalsynode eine Kontrole aus. Ueber die Verwendung der unter Verwaltung des Kultusministers stehenden Fonds und der staatlich für kirchliche Zwecke bewilligten Mittel erhält sie Mittheilung. Einführung neuer, regelmäßig wiederkehrender Kollekten und Abschaffung bestehender bedürfen ihrer Zustimmung, ebenso die Bewilligung neuer Ausgaben für landeskirchliche Zwecke, soweit sie durch Umlagen auf die Kirchenkassen gedeckt werden sollen. In fest normirten Grenzen können auch überschüssige Einkünfte des Kirchenvermögens und der Pfarrpfründen durch ein Kirchengesetz zu Beiträgen für kirchliche Zwecke herangezogen werden.

Ueberblicken wir alles, was der Generalsynode an Rechten neben der Kirchenregierung zugewiesen ist, so ist wahrlich kein Anlaß zur Klage über allzuängstliche Einschränkung derselben. Im Gegentheil, es gehörte viel Muth und Vertrauen dazu, einem jungen in seinen Wirkungen unberechenbaren repräsentativen Körper so Vieles und Wichtiges zu übertragen. Es wird in der Geschichte wenige Beispiele geben, daß eine an bureaukratisches Regiment gewöhnte Behörde aus eigener Initiative in solchem Maße ihre Befugnisse mit einer nur nach längeren Zwischenräumen zusammentretenden Versammlung theilt. Dieser Entschluß kann nur eingegeben sein durch die Ueberzeugung, daß die Kirchenregierung in der heutigen Lage gar nicht im Stande ist, ohne umfassende und freie Mitwirkung einer aus dem kirchlichen Organismus hervorgegangenen Vertretung ihre schwierigen Aufgaben mit moralischer Autorität auszurichten, und durch das Vertrauen, daß die mit einer solchen vielköpfigen, nur alle 6 Jahre zusammentretenden Versammlung verbundenen Schwankungen und Gefahren durch die gesunden Grundlagen und Kräfte der evangelischen Kirche werden überwunden werden. Die einzige Beschwerde, die eine größere Bedeutung hat, ist, daß der Synode mit Ausnahme der Generalsuperintenturen kein entscheidender Einfluß auf die Besetzung der kirchenregimentlichen Aemter in Aussicht steht. Das Gewicht dieses Wunsches stelle ich nicht in Abrede. Allein wenn einmal die Bedeutung des Synodalvorstandes durch

Erfahrung erprobt ist, wird sich auch diese Klage als unerheblich erweisen. Die Unabhängigkeit des Kirchenregiments hängt auf das engste mit der Stellung des Landesherrn in der Kirche zusammen. Ohne dieselbe würde die Einheit der Landeskirche keinen Bestand haben. Ist die Stellung des Landesherrn in unserer Kirche kein bloßer Ehrentitel, sondern ein Amt, und ist es für die Kirche kein aufgelegtes Joch, sondern ein segensreiches, unentbehrliches Institut, so bedarf es auch einer Kirchenregierung mit unabhängiger Stellung und kräftiger Initiative. Ginge das Kirchenregiment aus den Synoden hervor, so würde es mehr und mehr abhängig von denselben. Auch würde ein von den alle 6 Jahre wechselnden Synoden abhängiges Kirchenregiment weit weniger Garantie geben gegen parteiische Velleitäten der jedesmaligen Majorität. Dieselbe würde alles aufbieten, um sich wenigstens für die nächsten 6 Jahre den entscheidenden Einfluß im Kirchenregiment zu sichern. Auf die Dauer wäre dann die Besetzung der Kirchenämter auf Lebenszeit schwer aufrecht zu erhalten. Vor allem aber würde sich der König schwerlich bleibend dazu hergeben, in der Kirche das Amt des Chefs einer exekutiven Synodalkommission zu bekleiden. Oder es würde ein bloßer Ehrentitel werden, wie ihn hohe Protektoren wohl bei gemeinnützigen Vereinen übernehmen. Daher ist die Koordinirung des durch Vertrauen des Landesherrn zu berufenden Kirchenregiments und der aus der Gemeinde herauswachsenden Generalsynode ein unantastbarer Grundsatz für diejenige evangelische Kirchenverfassung, deren wir in Deutschland bedürfen. Dabei kommt ferner in Betracht, daß es viel leichter ist, die einer parlamentarischen Korporation zugewiesenen Rechte zu erweitern, als sie zu beschränken. Jeder solcher Körperschaft ist der Trieb zur Machterweiterung angeboren. Daher ist äußerste Vorsicht bei der Begründung einer solchen geboten. Stellt sich bei weiterer Erfahrung das Bedürfniß einer Verstärkung der Kompetenz der Generalsynode heraus, findet sich eine Form, ohne Beeinträchtigung der königlichen Autorität und der Unabhängigkeit ihrer Organe der Synode eine Mitwirkung bei den Vorschlägen für kirchenregimentliche Aemter zu gestatten, so wird ihr dieselbe mit innerer Nothwendigkeit zufallen. Das in die Erde gesenkte Samenkorn trägt alle Bedingungen gesunden Wachsthums in sich; und wenn Bedenken statthaft sind, so müßte sie sich nach meiner Ueberzeugung eher auf das Zuviel als auf das Zuwenig der jetzt schon der Synode überwiesenen Befugnisse richten. Indessen die bewegte Zeit verlangt, daß wir das Gleichgewicht auf dem Wege des Vertrauens, nicht durch ängstliche Prävention suchen.

4. Es bleibt noch ein vierter Punkt in den Beschlüssen der Generalsynode zu beleuchten, der uns in den beiden westlichen Provinzen ganz besonders angeht. Es ist dies das Verhältniß der Generalsynode zu den Provinzialsynoden, wie es in den §. 8 und 9 (9 und 10) geordnet ist. Im Großen und Ganzen ist die Einheit der Landeskirche in dem Entwurf entschiedener gewährleistet, als die selbständige Bewegung der Provinzialkirchen, und die Abgeordneten aus Rheinland und Westfalen brachten wohl in dieser Richtung fast alle die Erwartung nach Berlin mit, es könne für die größere Selbständigkeit der Provinzial=

kirchen in dem vorgelegten Entwurf etwas mehr geschehen. Dies wurde zunächst bei §. 6 (7) in Betreff der kirchlichen Gesetzgebung über kirchliche Kultusformen und Lehrmittel versucht. Allein die ursprüngliche Absicht, die Einführung landeskirchlicher agendarischer Normen und kirchlicher Bücher von der Zusammenstimmung der Generalsynode und der Provinzialsynoden abhängig zu machen, wurde im Laufe der Verhandlung dahin abgeändert, daß den einzelnen Gemeinden sowohl gegenüber der Generalsynode wie gegenüber der Provinzialsynode ein Einspruchsrecht gegen die obligatorische Einführung von agendarischen Normen, welche die Verwaltung der Sakramente betreffen, und von neuen kirchlichen Büchern zugestanden wurde.*)

Auch sonst wurde mehrfach der Versuch gemacht, für die Provinzialsynoden ein größeres Maß von Rechten zu erlangen. Außer von der konfessionellen Gruppe, wurde derselbe namentlich von den Synodalen Fabri, Miquel und Gierke lebhaft unterstützt und bei der zweiten Lesung wiederholt. Allein die Majorität der Synode schloß sich dem nicht an, und auch hier nahmen die meisten rheinischen Deputirten eine andere Stellung ein, als die westfälischen. Aus dem Verkehr mit den Freunden aus den östlichen Provinzen ergab sich uns, daß wir unsern Begriff von Provinzialkirchen nicht als Maßstab für die dortigen Verhältnisse anlegen dürfen. Eine provinzielle Eigenart und

---

*) Die am 20. Januar publizirte General=Synodalordnung hat noch bestimmter als die Beschlüsse der Synode dies Recht der Gemeinden gleichmäßig gegenüber Generalsynode und Provinzialsynoden sicher gestellt.

ein provinziell bestimmtes kirchliches Bewußtsein gibt es dort kaum auf kirchlichem Gebiet. Wollte man es aber, wie dies in der Rheinprovinz mit Erfolg geschehen ist, durch eine Verfassung schaffen und großziehen, so würde bei der Sechszahl der östlichen Provinzen die gemeinsame kirchliche Gesetzgebung und Verwaltung für dieselben ungemein erschwert. Namentlich wäre aber den in den einzelnen Provinzen überwiegenden Majoritäten eine Basis gegeben, ihren einseitigen parteiischen Bestrebungen auf Kosten der Minorität Geltung zu verschaffen. Je stärker der Parteigeist in der einen Provinz das kirchliche Leben bestimmte, desto stärker würde er den entgegengesetzten Parteigeist in einer andern Provinz provoziren. Von der Kirchenregierung wurde auch stark betont, daß die Wahlordnung, welche drei Viertel der Generalsynode aus provinziellen Wahlkörpern hervorgehen lasse, die Vertretung der provinziellen Interessen in solchem Maße garantire, daß eine stärkere Berücksichtigung der Provinzialsynoden in der Generalsynodalordnung die Einheit der Landeskirche ernstlich gefährden würde. Solchen Erwägungen gegenüber mußten wir uns darauf beschränken, daß die Konservirung der Kultusformen und Erbauungsmittel, an denen kleinere kirchliche Kreise aus Pietät und Gewohnheit hängen, in dem Einspruchsrecht der Gemeinden gesichert wurde, daß aber das zustimmende Votum der Provinzialsynoden für Beschlüsse der Generalsynode nur gefordert wurde, wenn dieselben nur einzelne Provinzen, nicht die gesammte Landeskirche angehen. Die gutachtliche Vernehmung der Provinzialsynoden bezüglich der der Generalsynode zu machenden Vorlagen soll nach

§. 8 (9) in das Ermessen der Kirchenregierung gestellt bleiben; nur bei Veränderungen der Liturgie soll dieselbe in der Regel geschehen. Außerdem wurde noch ein Zusatz zu dem ursprünglichen Entwurf (§. 8) beschlossen, daß Beschlüsse der Generalsynode, welche Veränderung der Zusammensetzung und der Befugnisse der Gemeindeorgane und der Synoden bezwecken, einer Majorität von zwei Dritteln der Stimmen bedürfen.*) Auch dieser Beschluß zielt auf einen festeren Schutz der bestehenden provinziellen Ordnungen.

Größere Garantien wurden in §. 9 (10) für die **Kirchenordnung Westfalens und der Rheinprovinz** festgestellt. Einmal sollen auch künftig Aenderungen dieser Kirchenordnung durch Beschluß der beiden betheiligten Provinzialsynoden im Einverständniß mit der Kirchenregierung möglich sein. Sodann wenn von der Kirchenregierung oder von der Generalsynode beantragte landeskirchliche Gesetze Bestimmungen unserer Kirchenordnung betreffen, so müssen die beiden Provinzialsynoden vorher oder nachher gutachtlich gehört werden. Wenn beide Synoden sich gegen die Veränderung ihrer Kirchenordnung erklären, so bleiben die beiden Provinzen von dem Geltungsbereich der betreffenden landeskirchlichen Vorschrift ausgenommen. Daraus folgt, daß wenn nur Eine Synode zustimmt, sie durch ihre Zustimmung die andere Provinz mit unter das landeskirchliche Gesetz zieht.

---

*) In dem Erlaß vom 20. Januar ist diese Bestimmung in §. 32 aufgenommen.

Es läßt sich nicht verkennen, daß in dieser Bestimmung ein Samenkorn der Zwietracht zwischen den beiden Schwesterkirchen liegt, und bei der so sehr verschiedenen Haltung, welche die rheinischen und die westfälischen Deputirten zu dem gegenwärtigen Verfassungswerk eingenommen haben, steht zu befürchten, daß aus diesem Samenkorn Unkraut herauswächst. Dem wäre vielleicht vorzubeugen, wenn mittelst einer in §. 9 (10) ermöglichten Aenderung der Kirchenordnung bestimmt würde, daß die Berathung über durch die landeskirchliche Gesetzgebung veranlaßte Verfassungsänderungen in vereinigter Versammlung der beiden Provinzialsynoden stattfinden solle.

Immerhin ist das durch §. 9 (10) der rheinisch-westfälischen Kirche reservirte Recht von größerer Bedeutung, als die angedeutete Gefahr. Von Seiten derjenigen, welche überhaupt umfassendere Rechte für die Provinzialsynoden wünschten, wurde Klage geführt, daß man den beiden westlichen Provinzen ein Recht bewillige, welches man den östlichen vorenthalte. Allein diese Klagen beruhten auf dem Mißverständniß, als handle es sich um eine Bevorzugung der westlichen Provinzen, etwa als Ausdruck der Anerkennung für ihr schon längere Zeit erprobtes Verfassungsleben. So steht aber die Sache nicht. Die Verfassung für die Landeskirche soll zwei verschieden organisirte Kreise der Landeskirche, von denen der eine dreimal so viel Provinzen umfaßt als der andere, und welche bisher nur durch das gemeinsame Kirchenregiment verbunden waren, auch durch eine gemeinsame Synodal-Institution organisch verknüpfen. Gegenüber der neuen, an die Mitwirkung der

Generalsynode gebundenen landeskirchlichen Gesetzgebung gab es da hinsichtlich der rheinisch=westfälischen Kirchenordnung nur die Wahl, entweder die den westlichen Provinzen eigenthümlichen Institutionen schutzlos der Majorität der künftigen Generalsynode preiszugeben, also an die westlichen Provinzen die Zumuthung zu stellen, sich einfach der neuen Ordnung zu konformiren, oder für Schonung festgewurzelter Einrichtungen im Westen in der Ordnung für die Landeskirche Vorsorge zu treffen. Letzteres ist geschehen, nicht im Sinne eines Privilegiums, sondern im Sinne eines Schutzes gegen Majorisirung, die in ihren Wirkungen unbillig und schädlich sein würde. Nahegelegt und vorausgesetzt ist dabei, daß aus freiem Entschlusse die westlichen Synoden diejenigen Bestimmungen der Kirchengemeinde= und Synodalordnung von 1873, welche sie selbst als eine Verbesserung ihrer jetzigen Kirchenordnung anerkennen, sich aneignen. Es werden dann der Fälle, auf welche das vorbehaltene Zustimmungsrecht für Bestimmungen landeskirchlicher Gesetze Anwendung findet, immer wenigere werden.

Anstoß wurde auch genommen an §. 17 (18), welcher unter der Ueberschrift „Wahrung der Einheit der Landeskirche" der Generalsynode das auf den ersten Anblick befremdliche Recht beilegt, einen von dem Kirchenregiment bestätigten Beschluß einer Provinzialsynode wieder außer Kraft setzen zu lassen, falls sie ihn mit der Einheit der evangelischen Landeskirche in Bekenntniß und Union, Kultus und Verfassung nicht vereinbar findet. Gemeint ist es so, daß an der Kontrole, welche die Kirchenregierung unter allen Umständen über die Beschlüsse der Provinzial=

synoden zu üben hat, durch Bestätigung derselben oder durch Versagung der Bestätigung, auch die Generalsynode Antheil nehmen soll. Es wäre vielleicht ausreichend gewesen, diese Befugniß dem Synodalvorstand zu übertragen, wodurch das Mißliche einer eventuell nach Jahren erst eintretenden Aufhebung eines erlassenen Gesetzes weggefallen sein würde. Oder wenn die Verantwortlichkeit für solche Inhibirung der Synode selbst nicht entzogen werden sollte, so hätte es vielleicht genügt, unter die §. 6 (7) aufgezählten Befugnisse der Generalsynode bei der kirchlichen Gesetzgebung auch die vorangehende oder nachträgliche Zustimmung zur Bestätigung provinzialkirchlicher Gesetze aufzunehmen. Der für sich alleinstehende §. 17 (18) hat eine Weite in der Fassung, welche von einer parteisch centralisirenden Tendenz mißbraucht werden kann. Immerhin ist bei der Zusammensetzung der Generalsynode ein solcher Mißbrauch so leicht nicht zu befürchten. Von diesem einzelnen Bedenken abgesehen, kann ich auch die Ordnung des Verhältnisses der Generalsynode zu den Provinzialsynoden nur als ein gesundes, den gegebenen Verhältnissen angemessenes betrachten.

Der Vorwurf, daß der von der Kirchenregierung vorgelegte Entwurf durch ein centralistisches büreaukratisches Staatskirchenwesen die wahrhafte Freiheit der Kirche bedrohe, ist ebenso unbegründet, wie der Vorwurf, daß die Majorität der Synode durch servile Nachgiebigkeit gegen die Wünsche der Kirchenregierung die kirchliche Freiheit preisgegeben habe. Der erstere wird widerlegt aus der durchweg unabhängigen Stellung und Geschäftsordnung der Synode und ihres Vorstandes, durch den umfassenden An=

theil an der Gesetzgebung, durch die ausgedehnten Befugnisse, die sie bei der Verwaltung theils unmittelbar, theils durch ihren Vorstand zu üben hat. Der letztere wird widerlegt aus den zahlreichen Aenderungen, welche der ursprüngliche Entwurf durch die Synode erfahren hat, und bei denen die Kirchenregierung das offenste Entgegenkommen zeigte. Nur Einen zum Beschluß erhobenen Antrag, daß der Synodalvorstand bei den Vorschlägen zu andern kirchenregimentlichen Aemtern, als zu den Generalsuperintendenturen betheiligt sein solle, bezeichnete sie als unannehmbar. Gerade bei den wichtigeren Gegenständen der Berathung hat der ursprüngliche Entwurf erhebliche Veränderungen erfahren in Betreff der Zusammensetzung §. 3 und 40, (4 und 43), in Betreff des Verhältnisses der Kirche zum Staat §. 5 und 38 (6 und 41), in Betreff des Verhältnisses der Generalsynode zum Kirchenregiment §. 6. 10. 19. 20. 33 (7. 11. 20—22. 36), in Betreff der Provinzialsynoden §. 8 (32), der Forderung von einer Majorität von ⅔ für Aenderungen der Synodalverfassung und §. 6 (7) des Einspruchsrechts der Gemeinden.

Wenn daher auch in solchen Organen der kirchlichen Presse, welche bisher als Freunde der in Preußen bestehenden landeskirchlichen Grundlagen angesehen wurden, düstere Klagen vorherrschen,*) so erwarte ich von naher Zukunft eine Beseitigung dieser Mißverständnisse. Der Klage, es sei der Freiheit der Kirche zu wenig Rechnung getragen, stelle ich die Frage entgegen: Könnte die Kirche in ihrer ge-

---

*) Vergl. die Berichte der Neuen Evangelischen Kirchenzeitung über die Generalsynode und den Neujahrsartikel derselben.

genwärtigen innern Lage mehr Freiheit, oder besser gesagt, eine umfassendere und entscheidendere Kompetenz ihres synodalen Organs vertragen? Und diese Frage glaube ich, von Einzelheiten abgesehen, im ganzen auf das bestimmteste verneinen zu müssen. Das Verhältniß zum Landesherrn, das Bedürfniß einer Centralbehörde mit kräftiger Initiative, das Zusammentreten der Generalsynode in sechsjährigen Zwischenräumen, das Unberechenbare und Schwankende eines zweihundertköpfigen, aus Wahlen hervorgehenden Körpers, die Unerfahrenheit des größeren Theils der Landeskirche im kirchlichen Verfassungsleben, machen jetzt eine reichere Ausstattung des synodalen Instituts unzulässig. Was wirklich an für die Synode erwünschten Rechten noch fehlen sollte, das wird ihr nach dem Entwicklungsgesetz parlamentarischer Körperschaften sicher bald als reife Frucht in den Schooß fallen. Daß aber endlich und gerade in jetziger Zeit eine Generalsynode für die evangelische Landeskirche in das Leben tritt, das ist sowohl für die Unabhängigkeit der Kirche gegenüber dem Staat, wie für die Regulirung der inneren Schwierigkeiten, an welchen unser kirchliches Leben krankt, von der allergrößten Bedeutung.

Noch fehlt der berathenen Generalsynodalordnung die Sanktion des Königs, die sie zum Kirchengesetz macht, und die staatsrechtliche Anerkennung durch die Faktoren der staatlichen Gesetzgebung. An der ersteren ist wohl nicht zu zweifeln.*) Aber auch die letztere ist nach den bestimmten

---

*) Sie ist unterdessen durch Allerhöchsten Erlaß vom 20 Januar

und warmen Erklärungen des Kultusminist
der Synode und nach dem Antheil, den hervor
glieder des Abgeordnetenhauses an den Arbe
genommen haben, zu hoffen. Die nach der
Kultusministers beabsichtigte Publikation der
nung als Kirchengesetz wird für die Zukunft
kirchlichen Gesetzgebung aus alleiniger
Landesherrn ein Ende machen. Der staatsges
kennung bedarf aber die Synodalordnung the
der Synode zugedachten vermögensrechtliche
theils wegen der für die kirchliche Gesetzgebu
benen Formen, theils wegen der Ressortve
kirchlichen Behörden. Dieselbe wird aber nich
erfolgen, daß die von uns berathene Generalst
nochmals einer artikelweisen Berathung unt
durch den Landtag unterworfen wird, sonder
gesetz wird diejenigen Punkte der Synodalor
nen, welche der ausdrücklichen Genehmigung
dürfen, und diejenigen Cautelen und Bedingu
welche im Interesse des Staates erforderlic
Versuch wird bei diesem Anlaß nicht ausblei
liche Anerkennung an Bedingungen zu knüpf
die innere Ordnung der Kirche eingreifen. A
daß die Majorität im Landtage sich auf eine
zurückhaltende Wahrung des Staatsinteresse
wird; und Recht und Pflicht hierfür kann
niemand bestreiten. Die größte und fü
drückendste Abhängigkeit bleibt immer die fi
mentlich daß sämmtliche Ausgaben für die ki

lichen Behörden lediglich aus Staatsmitteln bestritten werden, also von jährlichen Bewilligungen abhängig sind. Eine dauernde Verständigung mit dem Landtage ist aber nur auf dem Wege wechselseitigen Vertrauens zu erwirken. Diese Rücksicht hat auch die Synode abgehalten, einem Antrag Folge zu geben, die kirchengesetzliche Gültigkeit der Synodalordnung von der staatsgesetzlichen Anerkennung ihrerseits abhängig zu machen. Es stieg nämlich die Besorgniß auf, es möchten nach Annahme der Schlußbestimmungen die Kreissynoden und Provinzialsynoden legalisirt, hingegen der Generalsynode das Gleiche versagt werden, um eine andere Zusammensetzung derselben zu erzwingen. Die Synode beschränkte sich aber auf eine Resolution, daß sie die berathene Generalsynodalordnung als ein untrennbares Ganze ansehe, und als der Kultusminister sich den Inhalt derselben auf das bestimmteste aneignete, gab sie der Resolution die Form einer vertrauensvollen Entgegennahme der ministeriellen Erklärung. Eine feindliche und mißtrauische Haltung gegen die Staatsbehörde, wie viele Stimmen in der Versammlung und in der Presse sie der Synode zumutheten, hat die Majorität als ihrer nicht würdig und durch die Lage in keiner Weise motivirt, entschieden abgelehnt.

Indem ich meine Mittheilungen schließe, gebe ich noch dem Gedanken Ausdruck: **Der schwerere Theil unserer Arbeit liegt nicht hinter uns, sondern vor uns.** Ob die tiefen unsere Kirche innerlich zersplitternden Gegensätze ein gedeihliches Fortbestehen unseres nationalen Kirchenwesens gestatten, das muß die Erfahrung herausstellen. Bis jetzt ist es noch immer ein Versuch, aber ein Versuch, der

gemacht werden muß, und deſſen Ziel der a
Anſtrengungen und größten Opfer werth iſt.
ſich um ein bleibendes Band zwiſchen dem bew
lichen, nationalen und ſozialen Leben und einer
gelium vom chriſtlichen Heil bezeugenden und
volksthümlichen Inſtitution. Sollte dieſes Ban
ſo ſteigen düſtere Bilder religiöſer Parteiung un
rung und ſittlicher Entartung des Volkes auf,
in den letzten Jahren hergeſtellte Kirchenverfaſſ
die Schuld an ſolchem Ausgang nicht tragen,
inneren Schäden in der Kirche ſelbſt, welche die
nicht heilen kann, ſondern nur der Geiſt des G
der Liebe.

Der Werth korporativer Ordnungen
giöſe Gemeinweſen wird ebenſo häufig überſc
terſchätzt. Von dem erſteren Fehler haben wir
von Luthers Geiſt beeinflußten Deutſchen uns
gehalten. Es hat aber den Anſchein, nach der
ſter, von der Liebe zur Kirche erfüllter Mäni
ſich dies ändern ſolle. Kirchenverfaſſungen k
lediglich nach dem Ideal brüderlicher Geiſtes
unter Glaubensgenoſſen, oder nach einem Vorb
Urzeit der Kirche beurtheilt werden. Je größe
iſt, für den die Verfaſſung beſtimmt iſt, je eng
liche Leben mit dem nationalen verflochten iſt,
auf einen ſtetigen und dauernden Beſtand de
Ordnung abgeſehen iſt, deſto mehr muß die
Ordnung für die amtliche Thätigkeit in einer Kirc
der Zeit und des Volkes Rechnung tragen u

sein mit den sonstigen öffentlichen Rechtsordnungen. Das ist eine erste Bedingung ihrer gesunden und gedeihlichen Wirksamkeit. Wie in solchem Kirchenleibe die Kirchenseele sich bethätigt, das hängt nächst dem Odem des Heiligen Geistes, der da weht, wo er will, von den ethischen persönlichen Kräften in der Kirche ab. Auch hier gilt das mens sana in corpore sano. Aber eine zeitgemäße der religiösen und sittlichen Aufgabe der Kirche angemessene Organisirung ist auch für ihr inneres Leben nicht zu unterschätzen. Sie erleichtert den normalen Ausgleich entgegengesetzter Strömungen, sie gestattet die freiere Heranziehung und Vertheilung der dem Zweck der Kirche dienenden Kräfte, sie öffnet Wege zu allen Klassen und Kreisen des Volkes, sie giebt die Mittel, die mannigfachen Güter und Gaben menschlicher Bildung und Gesittung dem Reiche Gottes dienstbar zu machen, sie entzieht die Kirche der Gefahr, ihre Arbeitskräfte in Polemik und unzufriedenen Freiheitsbestrebungen zu vergeuden, sie verschafft der Kirche die Ehre und die Macht eines Instituts, welches die heiligsten und besten Güter der Menschheit zum Wohl des Volkes verwaltet. Danken wir daher Gott, daß er uns bis hierher geholfen hat! Er wird auch weiter helfen!